AF382229

S'AFFIRMER POUR CHANGER

Cheminer vers l'assertivité et l'affirmation de soi

Par Jean-François Vallée
Sous la direction d'Antonella Delli Gatti

50MINUTES.fr

Quelles sont les pensées qui entretiennent le manque d'affirmation de soi ?

Comment être assertif sans paraître agressif ?

POUR ALLER PLUS LOIN 83

S'AFFIRMER POUR CHANGER

CHEMINER VERS L'ASSERTIVITÉ ET L'AFFIRMATION DE SOI

- **Problématique ?** Avoir de la peine à s'affirmer est souvent difficile à vivre, ce handicap étant à la fois résultat et source d'anxiété. Il produit des tensions corporelles, des comportements d'évitement, d'inertie et d'agressivité, de la déconcentration, de la déprime et, au bout du compte, une baisse de l'estime de soi qui vient à son tour renforcer ces effets pervers. À l'extrême, cela peut engendrer une fuite de tout contact social : on parle alors de « phobie sociale ».
- **Objectifs ?** Comprendre les origines des difficultés à s'affirmer et apprendre à y répondre efficacement.
- **FAQ ?**
  - Est-il possible que je ne sois pas conscient(e) de mes difficultés à m'affirmer ?
  - Pourquoi devrais-je m'affirmer alors que ma

vie risque d'être plus compliquée et moins confortable ?

- ◦ M'affirmer, n'est-ce pas m'exposer directement à la confrontation ?
- ◦ M'affirmer, n'est-ce pas prendre la place des autres ?
- ◦ Pourquoi devrais-je persévérer alors que j'échoue ?
- ◦ Quelles sont les pensées qui entretiennent le manque d'affirmation de soi ?
- ◦ Comment être assertif sans paraître agressif ?

Confrontés depuis toujours à l'impossibilité d'exprimer leur personnalité, persuadés d'être pris dans un carcan qui semble devoir les emprisonner à vie, certains d'entre nous éprouvent du découragement, voire de l'impuissance, et le sentiment d'être les seuls à éprouver de telles difficultés. Or, quels que soient son milieu d'origine, son niveau d'éducation, son histoire personnelle, toute personne fait à un moment donné l'expérience de l'incapacité à s'affirmer, face à un ami, un parent, un conjoint ou un supérieur.

Se regarder droit dans les yeux et accepter cette facette de soi est un premier pas vers la libération. Car c'est bien d'une libération dont il s'agit : s'affirmer, c'est se débarrasser de ses peurs, le plus souvent irrationnelles, du sentiment d'oppression généré par l'anxiété, et de ces multiples renoncements qui font tant de mal à l'image de soi. À l'opposé, fuir la moindre occasion de se faire remarquer, vouloir ne surtout pas déranger, c'est au bout du compte manquer de respect vis-à-vis de ses propres besoins, émotions et sentiments en les étouffant.

Ceux qui vivent cette incapacité au quotidien découvriront dans les pages qui suivent de précieux conseils et des méthodes simples pour cheminer vers plus d'assertivité, c'est-à-dire vers un comportement et une communication plus respectueux d'eux-mêmes et des autres.

POURQUOI S'AFFIRMER ?

Avant d'aborder les outils de l'affirmation de soi, il convient de planter le décor : pourquoi est-il vital de s'affirmer ? Quels sont les obstacles les plus fréquents ? Mais au fond, qu'est-ce que s'affirmer ?

L'AFFIRMATION DE SOI, C'EST QUOI AU JUSTE ?

S'affirmer, c'est...

S'affirmer, c'est être à l'écoute de ses pensées et de ses besoins et pouvoir les exprimer clairement, dans le respect des besoins de l'autre. C'est privilégier le dialogue comme mode relationnel et de résolution de points de vue opposés. C'est avoir confiance en soi et être conscient de ses propres limites.

Ne pas oser dire « non », ne pas oser demander ou déranger, être incapable d'exprimer son désaccord ou de répondre aux critiques, etc. : tels sont les comportements que nous adoptons lorsque nous manquons d'assertivité.

Ces problèmes sont tellement répandus que dès les années 1960, des méthodes thérapeutiques basées sur une approche comportementale ont vu le jour aux États-Unis. Prenant souvent la forme de thérapies de groupe, les thérapies d'affirmation de soi apprennent à agir en accord avec soi-même, à affronter des situations du quotidien embarrassantes, à défendre et à exprimer ses sentiments, besoins et opinions de manière économe, grâce à des jeux de rôle et à un ensemble de techniques simples. Le principe de ces jeux de rôle est de confronter les personnes à des situations qu'elles évitent dans la vie courante, et de leur faire vivre ainsi de nouvelles expériences émotionnelles et intellectuelles.

L'affirmation de soi n'est donc pas qu'un comportement. Elle ne doit pas être réduite à un ensemble de trucs et astuces : elle est un levier de changement. Car en s'affirmant, on gagne une meilleure image globale de soi.

S'affirmer, ce n'est pas...

- **S'affirmer ne signifie pas agresser.** Un comportement agressif consiste à ne pas écouter l'autre (sauf s'il est d'accord !), à imposer ses propres vues ou à faire passer ses propres besoins avant ceux des autres. Comme nous le verrons, l'agressivité n'est certainement pas une bonne méthode pour gagner en confiance en soi et en mieux-être ; elle n'est qu'une réponse instinctive destinée à cacher son propre handicap. Elle est aussi un exutoire aux frustrations accumulées par la non-reconnaissance de ses propres besoins, par la négation de soi-même en quelque sorte.
- **S'affirmer ne signifie pas manipuler.** Le comportement manipulateur diffère du comportement agressif dans sa forme – courtoise –, mais aussi dans ses motivations – ne tenir compte que de ses propres besoins et intérêts personnels, utiliser l'autre comme un objet au service de ces besoins, avoir recours à l'information dénaturée, à la flatterie, voire au mensonge.
- **S'affirmer ne signifie pas être passif.** Un comportement passif consiste à ne pas expri-

mer ses propres besoins, à ne pas revendiquer ses droits, à ne pas extérioriser ses sentiments et ses émotions. La passivité nous amène à autoriser l'autre à nous manipuler ou à nous agresser en lui offrant l'image d'un être inférieur.

POURQUOI EST-IL SI DIFFICILE DE S'AFFIRMER ?

Nous ne sommes pas toujours conscients de nos difficultés à nous affirmer, sans doute parce que nous préférons ne pas nous appesantir sur un aspect de notre personnalité qui nous renvoie une image négative de nous-mêmes. Peut-être aussi parce que ne pas nous affirmer est devenu avec le temps une façon d'être, une habitude à laquelle nous ne pensons même plus à déroger.

Il n'est pas rare de laisser l'autre nous dominer dans notre milieu professionnel. Carine, 45 ans, en témoigne :

« J'ai peur de m'affirmer face à ma supérieure hiérarchique, même dans une discussion d'ordre personnel, portant sur des croyances, des valeurs, etc. J'appréhende sa réponse, ses critiques

Or, la peur de s'affirmer peut également se manifester dans le cadre familial, d'un enfant face à son parent par exemple, même à l'âge adulte.

difficulté aussi, c'est qu'elle est très sensible et susceptible. » (Bénédicte, 42 ans)

Mais d'où vient ce blocage ? En fait, il est basé sur une série de peurs souvent inconscientes parce qu'intériorisées, quel que soit le milieu où il se manifeste.

- **La peur de créer un différend.** Si s'affirmer consiste à être à l'écoute de soi et de ses pensées ou besoins afin de pouvoir les exprimer, cela peut aussi être synonyme d'oser s'opposer, de ne pas être d'accord. C'est donc, parfois, contester. Une attitude que la société ne valorise pas toujours et à laquelle elle préfère la cohésion, la norme. Notre éducation nous transmet ces valeurs sociales et nous les intériorisons.
- **La peur de blesser.** Bien souvent, quand s'affirmer passe par un « non », l'on pense que s'opposer à quelqu'un va provoquer de la colère ou de la tristesse, ou déboucher sur un conflit. Et la réalité ne nous donne pas toujours tort.
- **La peur d'être jugé(e), voire puni(e).** Si l'autre réagit par la tristesse ou la colère, l'on peut en éprouver de la culpabilité. Celle-ci agit alors comme un puissant inhibiteur.

- **La peur de déplaire.** Pour pouvoir s'affirmer, il faut avoir pu se développer harmonieusement. Le tout-petit fait d'abord l'expérience de s'éprouver lui-même et d'exprimer ses ressentis à son environnement proche – ses parents. Puis, entre 2 et 3 ans, l'enfant traverse la phase d'opposition, de « non » permanent. En réalité, il est en train de construire sa propre confiance en lui et son autonomisation vis-à-vis de ses parents, dont il dépend encore de manière vitale. Plus tard, il voudra au contraire à tout prix être accepté et aimé par le monde qui l'entoure, et développera une séduction basée sur l'obéissance. Les traces de ces deux phases capitales de la construction de notre personnalité subsistent en nous sous la forme d'un conflit entre volonté de s'opposer et désir de plaire.

POURQUOI EST-IL SI IMPORTANT DE S'AFFIRMER ?

Toutes nos peurs inconscientes, toutes les justifications irrationnelles de nos renoncements quotidiens (voir le chapitre <u>Mesurez votre anxiété</u>), peuvent nous éloigner d'une prise de conscience de la réalité du manque de confiance en soi et des bénéfices de l'affirmation de soi. Ils sont pourtant multiples.

- **Se rendre la vie plus facile.** Réagir à des incivilités dans un bus, négocier un prix auprès d'un vendeur aguerri, renvoyer une bouteille bouchonnée au serveur d'un restaurant, tout simplement dire « non » quand une situation, une façon d'être ou une façon de faire ne nous convient pas : qui n'a pas été un jour confronté au besoin de s'affirmer et ne s'en est pas senti capable ? Certains parmi nous ont été habitués à prendre leur place grâce à leur éducation, d'autres en font l'apprentissage à l'âge adulte. Mais rares sont ceux qui peuvent se targuer de ne jamais connaître de problème d'assertivité dans leur vie professionnelle, familiale, amicale ou amoureuse.
- **Un outil essentiel de la confiance en soi.** L'affirmation de soi est indissociable de la confiance en soi (ou bonne estime de soi). Elle en est à la fois une cause et une conséquence. Une personne confiante en elle aura certainement moins de problèmes pour exprimer ses besoins et les défendre. Ainsi, on associe

fréquemment les difficultés d'affirmation de soi à une mauvaise estime de soi. Il peut en effet être très compliqué de s'affirmer lorsque l'on a une mauvaise estime de soi : on a peur de déranger, d'affirmer un point de vue que l'on pense sans importance, de provoquer la colère ou l'incompréhension de l'autre, de subir un traumatisme en retour ou de casser une image de soi si lisse... On préfère se taire, ce qui a pour effet d'entamer sa confiance en soi et de rendre plus difficile encore l'affirmation de soi. Ou, au contraire, on adopte un comportement agressif afin de cacher la fragilité de son propre ego, la peur de l'autre et des relations égalitaires – évitant ainsi de les affronter. Mais doit-on avoir totalement résolu tous ses problèmes de confiance en soi pour s'affirmer ? Pas forcément. Nous verrons qu'il existe des techniques d'affirmation de soi qui s'adressent à tous, y compris – voire surtout – aux personnes peu sûres d'elles, et qui permettent de restaurer petit à petit la confiance en soi par une meilleure affirmation de soi.

<u>Qu'est-ce que l'estime de soi ?</u>

Médecin psychiatre, auteur de nombreux ouvrages traitant du « mieux vivre » – et entre autres de l'estime de soi –, Christophe André (né en 1956) définit celle-ci comme « ce que je pense de moi, comment je me sens avec ces pensées, ce que je fais de ma vie avec tout cela » (*Imparfaits, libres et heureux. Pratiques de l'estime de soi*, Paris, Odile Jacob, 2006, p. 25).

L'estime de soi s'exprime à travers nos émotions, comportements et pensées. Elle influence notre façon d'être, vers plus d'autonomie et une affirmation équilibrée de notre personnalité.

- **Un puissant moteur de bien-être.** L'affirmation de soi entretient et restaure donc l'estime de soi car elle repose sur le respect de soi-même. À ce titre, elle est déjà un facteur de mieux-être. D'autre part, parce qu'elle respecte également l'autre, à qui l'on est capable de formuler ses besoins et sentiments dans une relation d'égal à égal, elle est un facteur d'harmonisation des relations, ce qui contribue

évidemment aussi à son propre bien-être. Mais plus encore, si s'affirmer apporte un bien-être supplémentaire, ne pas s'affirmer expose à bien des dangers. Les coûts en sont multiples :
- émotionnels, d'abord. Nous sommes tendu(e)s, nous éprouvons de l'inconfort et de la frustration. Nos émotions agissent comme un signal physique qui vient nous rappeler que nous « dépassons les bornes » ;
- comportementaux, ensuite. Par notre attitude agressive ou au contraire trop conciliante, nous sommes soumis(e)s à des privations relationnelles en empêchant l'autre de s'intéresser à nous. En ne nous exprimant pas, nous ne pouvons pas réellement aller à la rencontre, au contact d'autrui ;
- psychologiques, enfin. Nous entretenons une image de nous-mêmes inférieure à celle des autres.

LES FAUSSES SOLUTIONS DE L'AFFIRMATION DE SOI

Enfin, avant d'aborder les pistes de solution pour apprendre à mieux s'affirmer, et plus souvent – voire en toutes circonstances –, passons rapidement en revue les « fausses solutions » auxquelles nous avons recours au quotidien, souvent de manière inconsciente, et qui font obstacle à la véritable résolution des difficultés à s'affirmer.

- **Le mensonge.** Pour aller jusqu'au bout d'un mensonge inventé pour éviter de dire non, l'on dépense souvent davantage d'énergie et l'on est en proie à une plus grande anxiété que si l'on avait osé décliner la demande.
- **La fuite.** Afin d'éluder un refus poli à un copropriétaire qui voudrait faire repeindre la façade dans les plus brefs délais, l'on irait jusqu'à revendre son appartement : voilà un exemple édifiant du temps et de l'énergie inutilement dépensés dans la fuite !
- **L'accusation.** Frustré de ne pas avoir osé s'affirmer, l'on reporte parfois ses émotions et ses responsabilités sur un bouc émissaire, ce qui ne peut être bénéfique pour les relations avec autrui.
- **La banalisation.** Banaliser ses besoins, sentiments et émotions, les minimiser pour ne pas avoir à en tenir compte n'amène qu'un mal-être profond.

- **Le substitut.** Parce que l'on n'ose pas exprimer ses propres pensées, l'on s'arrange pour qu'un autre le fasse.

COMMENT ÊTRE ASSERTIF ?

S'affirmer, c'est être à l'écoute de ses pensées et de ses besoins et pouvoir les exprimer clairement, dans le respect des besoins de l'autre. Ces principes sont précisément ceux de l'Association pour la Communication NonViolente (CNV), qui nourrissent l'approche et les méthodes des spécialistes de l'estime de soi et de l'affirmation de soi.

La CNV va ainsi vous faire comprendre qu'il est possible de s'affirmer sans pour autant être agressif. Ces principes à l'esprit, vous pourrez alors suivre les trois étapes du processus d'affirmation de soi : écrire, anticiper, s'affirmer.

UN OUTIL : LA COMMUNICATION NONVIOLENTE

La Communication NonViolente (CNV) est un langage mis au point dans les années 1960 aux États-Unis par Marshall B. Rosenberg (1934-

2015), un docteur en psychologie qui l'utilise à partir de 1966 dans les conflits entre militants pour les droits civiques et institutions entreprenant de supprimer la ségrégation raciale.

Elle repose sur quatre piliers.

- **Observer.** Il s'agit d'observer ce qui se passe en soi. Il ne s'agit donc pas d'évaluer.
  - Exemple : « Je me suis senti humilié(e) et en colère en constatant que Sarah ne me demandait pas mon avis pendant la réunion. » (observation)
  - Contre-exemple : « Sarah est tyrannique. » (évaluation subjective)
- **Exprimer ses sentiments.** Il s'agit d'éviter les expressions vagues (« Je me sens bien »), l'expression d'une opinion (« Je sens que », « Je me sens comme ») ou le recours à certains adjectifs qui dénotent une interprétation du comportement de l'autre (« Je me sens ignoré(e) par »). Dans ce dernier cas, pensez à la fois où il vous est arrivé d'être ignoré(e) et d'en éprouver un soulagement parce que vous ne désiriez pas communiquer avec la personne qui vous ignorait. Il s'agit donc bien davantage de la perception d'une situation ou de l'inter-

prétation du comportement d'autrui que de l'expression d'un sentiment.

- ◦ Exemples : « Je me sens triste », « Je suis frustré(e) » (expressions d'un sentiment précis).
- ◦ Contre-exemples : « Je me sens mal » (expression vague), « Je suis nul(le) comme guitariste » (expression d'une opinion sur ses propres performances).

- **Exprimer ses besoins.** Besoins et sentiments sont souvent intimement liés. Certains sentiments témoignent du degré de satisfaction ou d'insatisfaction de vos besoins : quand ils sont satisfaits, vous pouvez vous sentir gai(e), enjoué(e), etc., dans le cas contraire, vous pouvez vous sentir triste, contrarié(e), etc. Reconnaître le lien entre les deux permet de ne pas faire porter à l'autre le poids de vos sentiments, donc de ne pas le culpabiliser. Au contraire, vous devez prendre conscience que c'est à vous que revient l'entière responsabilité de vos propres sentiments, et que c'est ainsi qu'il vous faut l'exprimer. Dans ce contexte, le « parce que » et le « je » sont essentiels, contrairement à un « tu » accusateur : cela permet d'expliciter que c'est ce qui se passe en soi qui engendre tel ou tel sentiment.

- ◦ Exemple : « Lorsque je vois tes vêtements par terre dans ta chambre, je me sens agacé(e) parce que j'ai besoin d'ordre dans la maison. » (expression de ses sentiments et besoins)
- ◦ Contre-exemple : « Tu m'énerves quand tu laisses tes vêtements par terre dans ta chambre. » (report sur l'autre sans explicitation de ses propres sentiments)

- **Demander.** Il s'agit d'exprimer une demande qui ne soit pas une exigence et qui soit la plus concrète possible.
  - ◦ Exemple : « J'aimerais savoir si vous accepteriez de déjeuner avec moi une fois par semaine. » (demande claire)
  - ◦ Contre-exemple : « J'aimerais faire plus ample connaissance. » (demande vague)

Ces quatre piliers sont fondamentaux : les intégrer permet de ne pas faire évoluer les situations où l'on s'affirme vers des situations conflictuelles.

PARVENIR À S'AFFIRMER... SANS AGRESSER

La route vers l'affirmation de soi, lorsque l'on s'est habitué(e) depuis des années à aller systématiquement dans le sens des autres avant le sien, n'est pas un long fleuve tranquille. Il faut bien sûr commencer par prendre conscience de ses problèmes d'assertivité ainsi que de leurs origines, et avoir envie de changer.

Ce cheminement passera certainement par des moments plus difficiles où se mêleront impatience, frustration, colère ou encore découragement. Dans ces moments-là, il est important de se souvenir qu'il est tout à fait normal d'éprouver ce genre de sentiments, qu'ils font partie d'un processus de changement s'inscrivant dans la durée.

Enfin, même si, comme nous allons le voir, la capacité à dire « non » est centrale dans l'assertivité, il ne s'agit pas de se muer en « poupée qui fait non », comme le chantait Michel Polnareff (auteur-compositeur et chanteur français, né en 1944) ! L'assertivité, c'est bien plus que cela : c'est aussi, en offrant des compromis et des solutions de rechange, affirmer ses besoins et convictions tout en prenant en compte la réalité d'autrui.

Prenez conscience par l'écriture

S'analyser soi-même, bien que cela puisse être un facteur de découragement, est pourtant une étape indispensable pour progresser vers l'assertivité. Mais comment s'y prendre ? Par où commencer ? Une solution est de se munir d'un carnet de bord. Écrire est une excellente façon de rendre objectifs des états subjectifs, de prendre du recul. Consacrez-y 5 à 10 minutes par jour et notez simplement les situations qui vous ont marqué(e), les manifestations de votre anxiété et vos pensées automatiques.

Mesurez votre anxiété

L'anxiété est l'un des facteurs qui vous empêchent de vous affirmer. Elle vous fait perdre vos moyens, vous rend vulnérable et vous expose à la manipulation, ou simplement à la mainmise de l'autre. Elle se manifeste à trois niveaux :

- physique/émotionnel (tension, inconfort, épuisement, etc.) ;
- comportemental (inertie, évitement, etc.) ;
- psychologique (confusion, déconcentration, etc.).

Il faut distinguer l'élément anxiogène, le facteur de stress, de l'anxiété elle-même. Ce faisant, vous vous apercevrez de votre interprétation subjective de la situation et de votre faculté à y répondre.

Imaginons par exemple que votre fille vient de terminer l'année en beauté et de surmonter son échec chronique en maths. Elle vous demande si elle peut inviter ses copines de classe à venir dormir chez vous ce vendredi.

Or, vous êtes épuisé(e) par une semaine de travail et de tensions professionnelles. L'idée de « gérer » une bande d'adolescent(e)s – et le comportement de votre fille revêche à votre autorité en présence de ses ami(e)s – vous déplaît grandement : c'est une première évaluation, celle de l'élément stressant.

Par ailleurs, vous vous sentez d'autant moins capable de lui opposer un refus qu'elle a réussi son année à votre grand soulagement, d'où un surcroît d'anxiété face à cette perspective de refus et à l'impression de ne rien maîtriser : c'est votre deuxième évaluation, celle de la réaction de votre organisme – l'anxiété.

C'est ce phénomène d'anxiété, fondement de vos renoncements quotidiens, que vous allez consigner dans votre carnet de bord pour commencer. Cette bonne habitude va vous aider à mieux vous connaître et à aller plus loin dans l'analyse de votre manque d'assertivité. N'hésitez pas, en parallèle, à évacuer votre tension par des exercices de relaxation.

Traquez vos pensées enfouies et votre morale (très) personnelle

Sans même s'en rendre compte, on justifie ses incapacités à s'affirmer par des pensées irrationnelles et automatiques. Par exemple, on peut s'imaginer que dire ce que l'on pense va amener l'autre à ne plus nous aimer, à nous mépriser, etc.

En réalité, ces pensées automatiques sont elles-mêmes ancrées dans un système de fausses valeurs, un ensemble cohérent qui s'est formé au fil de vos expériences et qui constitue aujourd'hui une véritable morale personnelle.

Vous avez par exemple peut-être intégré que « pour être aimé(e) dans la vie, il ne faut pas contredire les autres ». Ce genre de postulat inconscient tend généralement à s'ancrer en soi et à se généraliser au quotidien, devenant ainsi le spectre par lequel on interprète ce que l'on vit. L'on en vient à déformer l'information, en utilisant des mécanismes comme la personnalisation

– « ça n'arrive qu'à moi » –, le catastrophisme – « si je refuse cela à mon supérieur, je vais me faire licencier » –, etc.

Ces modes de pensée inconscients, qui remontent souvent à l'enfance, ne sont pas évidents à identifier. C'est pourquoi, dans les situations où vous peinez à vous affirmer, il est bon de noter vos réactions et de vous demander d'où elles viennent. Souvent, la réponse est au bout du crayon...

Situation	Ma fille m'a demandé si elle pouvait inviter ses ami(e)s à venir dormir
Date	30/06/2016
Émotions/ signaux corporels/ comportements	Irritation Épuisement
Pensées automatiques	« Elle va me détester si je refuse »

À chaque pensée irrationnelle correspond une pensée alternative, bien plus fidèle à la réalité, à laquelle vous pouvez accéder en vous posant alternativement les questions « Pourquoi ? » et « Et alors ? ». Ainsi, si vous pensez : « Elle va me détester si je refuse », prenez le temps de vous poser les questions suivantes :

- « Pourquoi ? Nous nous connaissons depuis si longtemps, elle pourra comprendre mes raisons. » ;
- « Et alors ? Si elle me déteste, est-ce tellement important au regard de mes besoins ? ».

Il s'agit ici d'un exercice visant à relativiser nos mécanismes de pensées automatiques sans pour autant basculer dans des espérances où tout sera accepté ou toléré. Noter ses pensées alternatives en regard de ses pensées automatiques, irrationnelles, permet à terme de leur couper l'herbe sous le pied.

Situation	Ma fille m'a demandé si elle pouvait inviter ses ami(e)s à venir dormir
Date	30/06/2016
Émotions/ signaux corporels/ comportements	Irritation Épuisement
Pensées automatiques	« Elle va me détester si je refuse »
Pensées alternatives	« Après tout, ma fille va plutôt bien et a l'air de m'aimer »

En neutralisant ainsi vos pensées automatiques, vous pouvez accéder à votre morale personnelle (« Pour être heureux/heureuse en famille, il faut être d'accord sur tout », « Pour être accepté(e) par les autres, il faut être comme eux », « Pour être bien vu(e) au travail, il ne faut pas déranger ses collègues », etc.) et la désamorcer à son tour. Vous pouvez ainsi, à force de persévérance, modifier vos convictions négatives profondes.

Les thérapies cognitivo-comportementales (TCC) regroupent un ensemble de traitements de troubles tels que les addictions, les psychoses, les dépressions et les troubles anxieux.

Les TCC ont pour particularité de s'attaquer aux difficultés du patient dans « l'ici et maintenant » grâce à :

- des exercices pratiques centrés sur les symptômes observables au travers du comportement ;
- l'accompagnement par le thérapeute qui vise à intervenir sur les processus mentaux dits aussi « processus cognitifs », conscients ou non, considérés comme étant à l'origine des émotions et de leurs désordres.

Les pensées automatiques sont précisément identifiées par ce courant comme un facteur majeur des déficits de l'estime de soi et de l'affirmation de soi.

Le psychiatre Christophe André et la psychologue clinicienne Marie Haddou, dont les théories et les méthodes inspirent cet ouvrage, s'inscrivent dans ce courant cognitivo-comportementaliste.

Soyez conscient de vos relations à autrui

L'assertivité vous concerne au premier plan, mais elle dépend en bonne partie de vos relations à autrui. Nous évoluons tous dans des relations symétriques (égalitaires) et complémentaires (hiérarchiques), mais ces relations peuvent être faussées : dans une relation pseudo-symétrique, l'autre est en rivalité ; dans une relation pseudo-complémentaire, l'autre domine et rend dépendant.

Aussi est-il important d'observer les signaux, y compris corporels, que l'autre vous envoie (est-il à l'aise ? Fait-il preuve de timidité ?), ses stratégies (veut-il à tout prix vous influencer ? Cherche-t-il à entrer dans vos bonnes grâces ?), mais aussi de lui poser des questions sur ce qu'il attend de vous, afin d'y voir plus clair ou de vous donner le temps du recul. Or, se donner le temps de réfléchir avant de réagir facilite l'affirmation de soi. *A contrario*, il est difficile de s'affirmer dans la précipitation, d'autant plus quand on est « débutant ».

Anticipez les résistances

Au travers de l'écriture, vous avez pris conscience de réalités que vous ne soupçonniez pas. Vous avez noté les situations qui vous paralysent, les émotions que vous ressentez, les comportements que vous adoptez. Vous cheminez vers la résolution. Mais avant de tester vos capacités d'autoaffirmation, prenez le temps de préparer le terrain et d'anticiper les réactions.

Prévoyez la réaction de l'autre : il faut s'attendre à ce qu'il réagisse à votre assertivité, surtout si vous avez pris l'habitude de vous effacer. Il peut être utile d'anticiper : cet autre est-il un ami, un étranger, un supérieur hiérarchique ? S'exprimera-t-on en public ou en privé ? Les inter-locuteurs que vous avez habitués à votre « oui » inconditionnel seront sans doute plus difficiles à convaincre que ceux que vous connaissez moins bien. En public, les réactions seront en général plus contrôlées. En privé, elles peuvent être plus vives. Mais il se peut tout simplement que votre « non » éventuel soit bien reçu !

Tempérez votre « non » hypothétique et osez exprimer ce que vous pensez : quand vous êtes prêt(e) à vous jeter à l'eau, il est bon de réfléchir à la façon dont vous allez amortir votre refus, sans pour autant l'affaiblir.

Réservez-vous une porte de sortie

Pour ce faire, c'est le « Non, mais… » qui est une offre de compromis. C'est aussi ce que l'anthropologue américain William Ury (né en 1953), spécialiste de la négociation, appelle « MESORE » (Meilleure Solution de Rechange), c'est-à-dire une alternative à une situation bloquée ou embarrassante. Par exemple : « Je ne pourrai pas être présent à ta fête toute l'après-midi ; par contre, j'assisterai le soir au concert auquel tu participes. » Ainsi, votre « non » est contrebalancé par une proposition qui vise à adoucir votre refus.

Soyez clair

Lorsqu'il s'agit d'un refus, soyez clair. Pour éviter un « non » inconsistant, il faut écouter ses besoins et aspirations les plus profonds : qu'est-ce qui est pour moi inacceptable ? Qu'est-ce que je ne veux absolument pas ? Qu'est-ce qui est contraire à mes intérêts ? Ces questions pourront motiver votre décision et permettre d'affermir votre refus aux yeux des autres.

Par contre, si vous vous sentez indécis, il vaut mieux remettre un éventuel refus à plus tard, plutôt que d'accepter malgré vous et de le regretter ensuite.

SAVOIR AFFIRMER SES BESOINS ET SES CONVICTIONS

Ce double travail de prise de conscience de vos démons intérieurs (grandement facilité par l'écriture) et de préparation vous a rendu prêt(e) à vous montrer sous votre vrai jour, à affirmer vos besoins et vos convictions. Bref, vous voici arrivé(e) au cœur du processus de changement.

Il est temps de passer en revue les techniques qui vont vous y aider, l'idéal étant, avec le temps et l'expérience, de les combiner.

Le disque rayé

Cette technique consiste à répéter envers et contre tout votre réponse face à un interlocuteur insistant, jusqu'à ce qu'il vous entende vraiment.

> « Elle – Je suis déçue que tu ne viennes pas dans la maison de vacances cette année.
> Vous – Je sais, mais j'ai envie de passer les vacances avec ce groupe d'amis dont je t'ai parlé.
> Elle – Tu pourrais au moins faire un effort et passer quelques jours.
> Vous – Je tiens vraiment à voir ces amis qui me proposent pour la première fois de les accompagner en vacances. »

L'écran de brouillard

Cette technique permet de camper sur ses positions tout en faisant mine d'accepter les critiques, reproches, etc. Afin de l'illustrer, nous reprenons l'exemple précédemment cité ; la même amie attaque.

> « Elle – Je me réjouissais de passer ces jours de vacances avec toi.
> Vous – Je n'en doute pas.
> Elle – J'ai dit non à une amie qui était très

motivée…
Vous – C'est dommage.
Elle – Tu aurais pu me dire plus tôt que tu ne viendrais pas.
Vous – Je ne peux pas toujours penser à tout.
Elle – Tu n'es pas très gentil.
Vous – Il m'arrive parfois de ne pas être très gentil. »

L'enquête négative

Quand il s'agit de s'affirmer face à des reproches infondés, cette technique de l'enquête négative se révèle être très intéressante.

Elle consiste à demander si le reproche adressé est le seul, de reconnaître son éventuelle responsabilité sur certains points et de revenir ensuite au premier reproche infondé en défendant son point de vue.

Ainsi, imaginons que votre mari ait failli tomber en panne sèche. Il vous reproche de ne pas avoir fait le plein d'essence de la voiture familiale.

« Vous – C'est faux, la dernière fois que j'ai utilisé la voiture, j'ai fait le plein.
Lui – Ça ne peut être que toi : tu es la dernière à

> l'avoir utilisée.
> Vous – C'est impossible : je fais toujours atten-
> tion à la jauge d'essence. »

Si vous constatez que le débat tourne en rond, passez à l'enquête négative :

> « Vous – Tu as autre chose à me reprocher ?
> Lui – Oui, tu laisses toujours traîner un tas de choses inutiles dans cette voiture.
> Vous – En quoi cela te dérange-t-il ?
> Lui – À chaque fois que je veux prendre quelque chose dans la boîte à gants, une avalanche d'objets en dégringole !
> Vous – OK. Je vais faire un effort.
> Lui – Je te remercie. »

La conversation ayant pris un tour moins polémique, vous pouvez rajouter : « Mais pour en revenir au plein d'essence, ce n'est pas moi qui ai oublié de le faire. » Votre mari va sans doute adopter un ton moins mordant : « Tu as peut-être raison. Au fait, mon frère et ma belle-sœur me l'ont empruntée avant-hier. C'est sûrement ça. » Toutefois, s'il persiste dans ses accusations, réfutez-les et suggérez-lui de faire sa propre « enquête ».

L'affirmation négative

Si les reproches que l'on vous adresse sont fondés, reconnaissez que l'autre a raison, mais que vous ne pouvez accéder à sa demande, et expliquez pourquoi.

Votre sœur profite par exemple de votre passage dans la famille pendant les grandes vacances pour vous demander de l'aider à vider une partie de son grenier. Vous refusez, pour une raison qui vous appartient, et votre sœur vous reproche de ne jamais l'aider pour ce genre de choses, ce qui n'est pas faux.

Reconnaissez qu'elle a raison, mais que vous êtes particulièrement éprouvé(e) par votre travail et avez besoin de repos. Ajoutez que ses remarques ne vous laissent pas indifférent(e) et que vous l'aiderez dès que vous aurez repris du poil de la bête. Cela vous déculpabilisera et neutralisera le conflit.

L'information sur soi

Informer l'autre sur ses propres besoins, intérêts, désirs ou raisons de dire « non », n'est pas sans rappeler les principes de la Communication NonViolente. En utilisant le « je » et en assumant ses propres imperfections et ses responsabilités, un refus devient plus compréhensible, car plus humain.

Reprenons l'exemple précédent : votre sœur comprendra mieux votre refus si vous lui parlez de vous et de votre fatigue du moment. Il s'agit donc bien ici de s'assumer, et non de se justifier. Évidemment, il importe d'agir dans ce cas avec mesure, et de préserver votre liberté en ne justifiant pas en permanence vos positions.

L'information sur l'autre

En demandant à l'autre des informations sur lui-même, ses expériences, etc., vous manifestez de l'empathie. Cela rapproche et facilite la communication. Vous pouvez par exemple demander à votre sœur si elle ne ressent pas parfois la même chose que vous.

L'offre de compromis

Savoir dire « non », c'est la base de l'affirmation de soi ; mais proposer un compromis à l'autre est une bonne façon de s'affirmer tout en évitant les frustrations et les tensions, et en tenant compte d'autrui. Vous aiderez votre sœur plus tard, et elle sait que vous le ferez. Ce qu'elle « perd » maintenant, elle le regagnera ensuite.

DERNIERS CONSEILS

- **Soyez réaliste.** Vous fixer des objectifs qui ne sont pas hors d'atteinte est un gage de réussite dans votre démarche vers l'assertivité. Ne vous voilez pas la face : sachez que cela va prendre du temps, que vous n'allez pas vous affirmer du premier coup alors que vous êtes toujours resté(e) effacé(e), que vous allez rencontrer des obstacles, bousculer vos habitudes et celles des autres, être tenté(e) de renoncer pour retrouver le (soi-disant) confort de l'acceptation envers et contre tout – là serait l'échec.
- **Utilisez le « je ».** Oser dire « je » est le début de l'assertivité. C'est vous reconnaître une existence, un droit à vous exprimer et à être entendu. C'est aussi une manière d'assumer vos besoins et sentiments plutôt que d'utiliser un « tu »/« vous » accusateur.
- **Soyez clair(e).** Comme nous l'avons vu avec la

Communication NonViolente, faire la chasse aux expressions ambiguës, aux allusions vagues et aux imprécisions est un gage d'efficacité dans la communication, mais aussi une façon d'assumer vos responsabilités.

- **Exprimez vos sentiments.** Ne craignez pas d'exprimer des sentiments « négatifs » comme la tristesse, la déception, la colère, etc. Il est normal (voire sain) de les ressentir, tandis que les exprimer peut être un exutoire et vous en soulager. Pensez simplement à les exprimer en votre nom propre, sans remettre la faute sur un tiers.

- **Utilisez une formule d'introduction.** Les formules d'introduction peuvent s'avérer pratiques dans certains cas, car votre opposition paraîtra moins frontale : « Je vais vous surprendre, mais... » ou « je vous comprends, mais... » Vous exprimez ainsi votre point de vue tout en tenant compte de celui de l'autre.

- **Donnez-vous le temps de répondre.** On l'oublie trop souvent : dans bien des cas, rien ne vous oblige à répondre tout de suite à une demande, surtout lorsque celle-ci est – un tant soit peu – complexe. Vous avez le droit de vous donner le temps de la réflexion et d'ajourner votre réponse. Ainsi, ne vous précipitez pas et prenez du recul ; cela vous permettra de ne pas prendre de décision hâtive que vous pourriez regretter. Ainsi, votre ex-compagnon/compagne vous fait part de son intention de vivre quelque temps à l'étranger et vous demande si vous préférez que votre fils – mineur – l'accompagne ou qu'il reste à vos côtés. Votre réponse sera lourde de conséquences : laissez-vous le temps de la réflexion.

- **Tirez parti de l'espace vital.** Un interlocuteur trop proche de vous peut se révéler, selon le type de relation, intimidant, ou trop familier pour que vous puissiez opposer une résistance à sa demande ou éviter de vous faire manipuler. Imposer un peu de distance physique permet alors de prendre du recul sur la situation afin de mieux la gérer. Dans d'autres cas, vous rapprocher de votre auditeur peut permettre d'amortir le choc d'un refus, surtout dans une situation délicate. L'an dernier, vous avez promis à votre ami de partir ensemble à un festival de théâtre. Entre-temps, votre emploi du temps a évolué et ce projet s'en trouve compromis. Or, ce n'est pas la première fois que vous annulez. Vous rapprocher de votre ami pour lui expliquer votre décision pourra en atténuer l'impact. Pensez tout de même à jauger la distance adéquate selon la situation ou votre interlocuteur. Ainsi, un ami accepte une proximité physique bien plus grande qu'un inconnu ou que votre patron ; vous rapprocher de la personne n'est donc pas un gage d'acceptation de sa part.

- **Terminez par un message positif.** Une phrase telle que « je suis content(e) que vous m'ayez écouté(e) » témoigne de votre empathie et laisse une impression positive. Cela prouve également une ouverture de votre part, ce qui va rendre votre interlocuteur plus enclin à accepter votre assertivité.

ET APRÈS ?

Vous aurez trouvé dans les pages qui précèdent un aperçu des mécanismes qui vous empêchent de vous affirmer et des moyens qui vous permettent de les contrer.

Vous avez parcouru – au moins – la moitié du chemin. À présent, il est temps d'évaluer où vous en êtes dans l'affirmation de vous-même et de vous exercer. Et si vous désirez aller plus loin encore, faites un détour par la case « estime de soi » et vous comprendrez à quel point celle-ci est liée à l'affirmation de soi dans un mouvement d'influence réciproque.

S'AUTOÉVALUER

Il est tout à fait possible d'évaluer ses progrès (ou simplement où l'on en est dans l'affirmation de soi) à la maison, en choisissant de réaliser une seule longue séance ou d'y consacrer quelques minutes pendant plusieurs soirées, par exemple. Pour cela, l'instrument le plus simple – et de première ligne – dans l'évaluation de l'affirmation de soi est l'échelle de Rathus. Elle doit son nom au psychologue américain Spencer Rathus, qui l'a publiée en 1973 (« A 30-Item Schedule for Assessing Assertive Behavior », in *Behavior Therapy*, vol. IV, n° 3, mai 1973, p. 398-406).

Si elle permet d'évaluer jusqu'à quel point vous parvenez à vous affirmer, elle a pour limite de distinguer difficilement les personnes très affirmées des personnes agressives. Par contre, elle distingue bien les personnes affirmées des personnes passives. À ce titre, elle est très utilisée dans la recherche en psychologie. Ses résultats sont obtenus par un questionnaire composé de 30 affirmations.

LE TEST DE RATHUS

Ce test consiste à indiquer à quel degré les affirmations suivantes vous sont caractéristiques en choisissant l'une des six réponses proposées :

- + 3 tout à fait vrai ;
- + 2 plutôt vrai ;
- + 1 un peu vrai ;
- - 1 un peu faux ;

- • - 2 plutôt faux ;
- • - 3 vraiment faux.

Faites le test avec les 30 affirmations suivantes :

1. La plupart des gens semblent être plus agressifs et s'affirmer mieux que moi. (*)

2. J'ai déjà hésité, par timidité, à proposer ou à accepter des rendez-vous. (*)

3. Quand le plat qui m'est servi au restaurant ne me satisfait pas, je me plains auprès du serveur ou de la serveuse.

4. Je fais attention à ne pas heurter les sentiments des autres, même quand je me sens moi-même offensé. (*)

5. Si un vendeur s'est donné beaucoup de mal à me présenter une marchandise qui ne me convient pas complètement, j'ai du mal à dire « non ». (*)

6. Quand on me demande de faire quelque chose, j'insiste pour en connaître la raison.

7. Parfois il m'arrive de rechercher une discussion saine et constructive.

8. Je m'efforce de réussir aussi bien que la plupart des gens dans ma situation.

9. Honnêtement, les gens profitent souvent de moi. (*)

10. J'aime entreprendre des conversations avec de nouvelles connaissances ou des étrangers.

11. Souvent je ne sais pas quoi dire aux personnes qui m'attirent. (*)

12. J'hésiterais à téléphoner à des entreprises ou à des administrations. (*)

13. Je préférerais postuler à un emploi ou à un stage en écrivant un courrier qu'en allant passer un entretien en personne. (*)

14. Je trouve ça embarrassant de retourner des marchandises. (*)

15. Si un parent proche et respecté était en train de m'agacer, je cacherais mes sentiments plutôt que d'exprimer mon agacement. (*)

16. J'ai déjà évité de poser des questions par peur de paraître stupide. (*)

17. Au cours d'une discussion, j'ai parfois tellement peur d'être déstabilisé que j'en tremble de partout. (*)

18. Si un conférencier renommé et respecté dit quelque chose que je pense incorrect, je ferai de toute façon connaître mon point de vue au public.

19. J'évite de discuter les prix avec les représentants et les vendeurs. (*)

20. Quand j'ai fait quelque chose d'important ou d'intéressant, je m'arrange pour le faire savoir autour de moi.

21. J'exprime ouvertement et franchement mes sentiments.

22. Si quelqu'un a répandu de fausses rumeurs et des calomnies à mon sujet, je le/la vois le plus tôt possible pour avoir une explication avec lui/elle.

23. J'ai souvent du mal à dire « non ». (*)

24. J'ai tendance à garder mes émotions pour moi, plutôt qu'à faire une scène. (*)

25. Je me plains si le service est mauvais dans un restaurant ou ailleurs.

26. Quand on me fait un compliment, parfois je ne sais tout simplement pas quoi répondre. (*)

27. Au théâtre ou à une conférence, si mes voisins discutent plutôt bruyamment, je leur demande de se taire ou de continuer leur conversation ailleurs.

28. Dans une file d'attente, celui qui essaye de me passer devant aura affaire à moi.

29. J'exprime vite mon point de vue.

30. Il m'arrive parfois d'être incapable de dire quoi que ce soit. (*)

SCORE FINAL :

Faites la somme de toutes vos cotes. Pour les propositions suivies d'un astérisque, inversez le signe algébrique des cotes.

- Plus votre score est proche de - 90, plus vous avez du mal à vous affirmer.
- Plus votre score est proche de 90, plus vous êtes affirmé(e).
- Plus votre score est proche de zéro, plus votre comportement est normalement affirmé.

PRATIQUER

Pour beaucoup d'entre nous, la question de l'affirmation de soi se pose quasi quotidiennement. Les occasions de mettre en pratique les outils de l'assertivité sont donc multiples, que ce soit sur le lieu de travail, en famille ou en amour – trois dimensions fondamentales de la vie humaine.

Dans la vie professionnelle

Souvenons-nous de Carine, qui n'osait pas s'affirmer face à sa supérieure hiérarchique. Cette situation n'est malheureusement pas rare dans le monde professionnel. Elle peut vite dégénérer en spirale infernale : en acceptant malgré elle une surcharge de travail ou des délais trop serrés, Carine risque d'accumuler les retards et donne l'illusion de pouvoir accomplir toujours plus de tâches en moins de temps puisqu'elle ne pose aucune limite. En outre, sans le savoir, elle porte peut-être sur ses épaules le poids de l'inactivité d'une collègue, à qui elle se compare en préjugeant de ses capacités à travailler vite et bien...

Carine pourrait commencer par étudier le profil de sa supérieure : est-elle intransigeante ?

Est-elle fermée au dialogue et à l'écoute ? Elle occupe pourtant un poste de directrice dans une association à but non lucratif visant à améliorer le sort des enfants victimes de maltraitance. Carine s'apercevra peut-être de l'ouverture de sa supérieure hiérarchique, dont profite justement l'une de ses collègues qui se plaint d'être surchargée sans jamais l'être réellement.

Carine pourrait également contrer sa tendance au catastrophisme (« on a peur que ça ne retombe sur nous ») en imaginant une issue positive à la prochaine discussion avec sa supérieure, qui ne l'a pas engagée par hasard. Elle s'apercevra sans doute de la confiance que celle-ci lui porte. Et lorsque sa supérieure lui confiera une prochaine salve de dossiers, elle pourra lui répondre : « Je viens de passer sept heures sur un dossier. Je crains de ne pas pouvoir répondre à ta demande dans un délai aussi court, sous peine de bâcler le travail. Pourrions-nous trouver une autre solution ? »

Carine aura eu recours à l'information sur l'autre, à l'information sur soi et à la perspective d'une MESORE (Meilleure Solution de Rechange) afin de s'affirmer auprès de sa supérieure et de trouver un compromis qui les satisferait toutes les deux.

Dans la vie familiale

Bénédicte, quant à elle, fuyait la grande discussion qu'elle aurait dû avoir depuis longtemps avec sa mère : « Il y a des choses que j'aimerais aborder avec elle, mais je pense à toutes les critiques qu'elle va m'adresser. Il faudrait vraiment que je sois sûre de moi. » Comme Carine, Bénédicte projette sur son interlocutrice ses propres peurs (une avalanche de critiques qu'elle ne pourra surmonter, ainsi que la réaction catastrophique de sa mère blessée dans son orgueil).

Afin d'y remédier, elle pourrait commencer par parler d'elle-même, de ce qu'elle ressent, de sa façon de voir les choses, sans utiliser un « tu » accusateur qui entraînerait la réaction tant redoutée de sa mère. Ainsi, la prochaine fois que celle-ci lui adressera des reproches, la conversation pourrait prendre une tout autre tournure :

> « – Je viens de voir en passant que ta voiture était sens dessus dessous.
> – Je sais.

> « – Je pensais avoir appris à mes enfants à avoir
> plus d'allure.
> – C'est vrai, tu nous as montré l'exemple.
> – On ne dirait pas ! Tu pourrais la ranger un peu.
> – Je pourrais, mais je ne le ferai pas aujourd'hui. »

Bénédicte pourrait combiner cette technique du disque rayé avec celle de l'affirmation négative : « Tes remarques me touchent, mais je dois me reposer de ma semaine harassante. Je m'y mettrai lorsque je serai remise. » Cette technique pourrait être efficace temporairement, en attendant la fameuse discussion de fond qu'elle introduira selon les principes de la CNV – l'expression de ses sentiments et de ses besoins dans le respect de l'autre –, et terminera par une phrase conclusive telle que : « Je suis contente que tu m'aies écoutée. »

Dans la vie amoureuse

Thomas, célibataire, est depuis longtemps enlisé dans une relation affective avec Alyssia, son ex-compagne. Ses sentiments et son attirance étant demeurés intacts, il aimerait renouer avec leur relation d'antan. Elle est en couple, mais elle souhaiterait rompre, tout en n'y parvenant pas.

Thomas lui a déjà fait part de ce qu'il ressentait. De tout ? Non, car il n'a jamais clairement dit que cette relation le minait et qu'il ne pourrait continuer comme cela.

Thomas est en fait tétanisé par la peur de l'échec. Il devrait pourtant apprendre à la surmonter en acceptant l'idée que l'échec puisse se produire : car dans ce cas, il pourra faire de nouvelles rencontres, l'esprit enfin libre. Ici encore, l'information sur soi sera cruciale : « Je ne peux plus continuer de cette façon. Je propose que nous arrêtions de nous voir pendant un moment afin que tu réfléchisses à ma proposition et que tu puisses prendre tes responsabilités. »

En ayant parlé de lui-même de cette façon, Thomas aura fait prendre conscience à Alyssia de sa souffrance et de sa détermination. En outre, le « tu » n'est pas accusateur, mais invite l'autre à se positionner sans lui faire de reproches. Enfin, plutôt que d'imposer une solution radicale (« Arrêtons tout. Sauf si... »), Thomas a proposé une offre de compromis (« Arrêtons de nous voir pendant un moment afin que... »).

L'important est de maintenir le cap et de ne pas céder. Si vous avez décidé de vous affirmer, il s'agit sans doute d'une décision réfléchie qui ne pourra que vous apporter du bien-être. Malgré les difficultés que vous pourriez rencontrer, n'oubliez pas que vous avez droit, vous aussi, de vous affirmer et de prendre en compte vos propres envies et besoins. Ne culpabilisez pas et allez jusqu'au bout de votre démarche !

RESTAURER L'ESTIME DE SOI

Comme nous l'avons vu, l'affirmation de soi entretient et restaure l'estime de soi. L'affirmation de soi repose en effet sur le respect de soi-même et d'autrui. Un cercle vertueux se dessine alors : une plus grande harmonie avec soi-même et dans les relations aux autres entraîne un mieux-être global, qui se trouve être à son tour un « carburant » pour booster son estime de soi.

Cependant, s'affirmer mieux, plus souvent, idéalement en toutes circonstances, ne dispensera pas les personnes trop peu sûres d'elles d'entamer parallèlement un travail de réparation de leur estime de soi.

L'estime de soi, terminologie utilisée depuis les années 1990 et succédant à celle de « confiance en soi », est devenue centrale dans nos sociétés contemporaines mouvantes : nous ne sommes plus prédestiné(e)s par notre naissance, le métier de nos parents, les mariages « de raison », etc. Toute notre vie, nous sommes amené(e)s à nous faire de nouveaux voisins et amis, à nous « vendre » auprès d'employeurs, à séduire un(e) partenaire potentiel(le), etc.

Nous n'allons pas ici épuiser ce sujet, qui mériterait un ouvrage à lui seul. Le lecteur désireux d'approfondir la question trouvera d'ailleurs des livres de référence dans la bibliographie. En attendant, voici déjà une première approche de l'estime de soi, de ses causalités, de ses conséquences et des clés de sa progression.

Haute et basse estime de soi

Les travaux sur l'estime de soi, qui ont débuté dans les années 1960, ont rapidement mis en exergue deux types de personnalités : les personnes à haute estime d'elles-mêmes (qui n'avaient aucun mal à expliquer verbalement leurs propres qualités : « Je suis quelqu'un de courageux et d'entreprenant », etc.) et les personnes à basse estime d'elles-mêmes qui, au contraire, n'arrivent pas à parler de leurs qualités ou les tempèrent immédiatement (« Je suis énergique, du coup je fais plein de bêtises », etc.).

Les premières agissent facilement, car elles considèrent que l'échec est normal. Les secondes ont peur de l'échec, car elles croient que celui-ci va provoquer un jugement négatif sur elles – en d'autres termes, il leur apparaît qu'échouer, c'est être nul. « C'est comme une petite radio à basse fréquence qui serait allumée en permanence dans notre cuisine et qui nous dirait sans cesse "tu es nul, tu ferais bien de rester dans ton coin, etc." », explique Christophe André. « Au bout d'un moment, la personne qui entend toujours cette même fréquence en est marquée. » (« Comment retrouver l'estime de soi ? », in *youtube.com*)

L'approche cognitive, comme nous l'avons vu précédemment, agit sur cette petite musique, ces fameuses pensées automatiques souvent basées sur la comparaison : « On peut se dévaloriser parce qu'on se trouve dans une réunion où l'on est entouré(e) de personnes plus intelligentes, intéressantes – ou censées l'être. Si c'est vraiment le cas, on peut s'en réjouir, et non se dévaloriser » (*ibid.*), poursuit Christophe André.

Soyez votre ami !

On le voit, l'estime de soi est directement liée au rapport à l'échec, donc à l'imperfection. Elle se construit dès la petite enfance. Son socle est l'amour inconditionnel des parents, le sentiment que, quoi que l'on fasse, nos parents nous aimeront toujours et ne puniront pas nos expériences, nos échecs, etc.

Par la suite, l'éducation va venir jouer son rôle dans la construction de l'estime de soi : nos parents ne valorisaient-ils que la réussite ou étaient-ils compréhensifs par rapport à nos échecs ? Par ailleurs, comment se comportaient-ils, quels sont les modèles qu'ils transmettaient ? Étaient-ils toujours dans l'inquiétude et le doute, la comparaison avec les voisins, amis, etc. ? Avaient-ils peur d'agir ?

Si, à l'âge adulte, nous manquons d'estime de soi, c'est souvent en nous qu'en réside la cause, et non chez les autres : nous sommes souvent trop sévères et perfectionnistes, voire tyranniques avec nous-mêmes. « En thérapie, on dit souvent : "Soyez votre ami ! Ne cherchez pas à vous aduler, mais respectez-vous comme vous respecteriez un ami". » (*ibid.*)

L'estime de soi, sésame pour l'action

Rechercher la perfection, c'est refuser d'agir et d'être soi-même – puisque nous sommes tous imparfaits.

La clé de la restauration de l'estime de soi est donc l'acceptation de l'imperfection, qui à son tour pousse à l'action. « L'estime de soi ne doit pas dépendre de nos succès ou de nos échecs : on peut connaître plusieurs échecs successifs et rester quelqu'un de bien ; on peut connaître du succès et avoir fait des "sales coups" qui ne nous rendent pas estimables. » (*ibid.*)

Agir, c'est éprouver le sentiment d'être compétent et le sentiment d'être aimé(e), malgré les échecs qui peuvent survenir naturellement. Or, ce sont là les deux nourritures de l'estime de soi : elle est alimentée par le fait de se sentir compétent (réussir à consoler un ami, réussir à résoudre un problème familial ou professionnel compliqué, etc.) et, de manière capitale, par les nourritures relationnelles : l'amitié, l'affection, l'amour, l'admiration, etc. À tel point que certains chercheurs ont qualifié l'estime de soi de « sociomètre » : plus nous nous sentons aimés, appréciés, populaires, plus notre estime de soi est correcte, et inversement.

Estime de soi *versus* nombrilisme

L'estime de soi n'est pourtant pas le narcissisme : plus nous progressons dans l'estime de soi, plus nous pratiquons l'humilité, qui consiste à ne se juger ni inférieur(e) ni supérieur(e) aux autres, mais leur égal, ce que ne valorise certes pas la société d'aujourd'hui, qui au contraire survalorise la performance, l'apparence et la possession de biens matériels. Cela fragilise l'estime de soi, car nous risquons d'être alors dans une comparaison permanente. Nous sommes de plus en plus insatisfaits de nous-mêmes.

Travailler sur l'estime de soi aujourd'hui, c'est donc également s'exercer à rester sourd aux sirènes publicitaires et médiatiques qui tentent de nous imposer un modèle inaccessible.

FAQ

EST-IL POSSIBLE QUE JE NE SOIS PAS CONSCIENT(E) DE MES DIFFICULTÉS À M'AFFIRMER ?

Oui et non. Nous l'avons vu, rares sont les personnes qui n'ont jamais rencontré de problèmes d'assertivité. Une telle prétention se heurte vite à la réalité d'un chef autoritaire, d'un parent manipulateur, etc. Face à une forte personnalité, il est toujours plus ardu de défendre son point de vue. Il est donc tout à fait possible que vous ne ressentiez pas un malaise profond, que vous ne vous sentiez pas écrasé(e) en permanence, mais que votre confiance en vous ne soit pas assez solide que pour pouvoir vous affirmer contre vents et marées.

Dans ce cas de figure, un travail peut également être effectué, même si vous n'avez pas conscience d'un réel problème. L'idée sera alors de mettre l'accent sur le développement de votre personnalité de manière à ne jamais – ou de plus en plus rarement – devoir subir de situation où vous vous retrouvez oppressé(e) par la volonté de quelqu'un d'autre.

POURQUOI DEVRAIS-JE M'AFFIRMER ALORS QUE MA VIE RISQUE D'ÊTRE PLUS COMPLIQUÉE ET MOINS CONFORTABLE ?

Oser sortir de l'ombre, « déranger », demander ou dire « non », c'est un peu sortir de son cocon, d'un état d'apesanteur léthargique. C'est se confronter à une éventuelle incompréhension, du moins dans un premier temps. Vous pouvez dès lors être tenté(e) d'y renoncer. Mais le jeu en vaut la chandelle : vous y aurez gagné en détente, en équilibre, en estime et en respect de vous-même et des autres.

A contrario, renoncer à s'affirmer, c'est s'exposer à des coûts émotionnels (incon-fort, frustration, etc.), comportementaux (privations relationnelles) et psycholo-giques (dévalorisation de l'image de soi).

M'AFFIRMER, N'EST-CE PAS M'EXPOSER DIRECTEMENT À LA CONFRONTATION ?

La toute première condition pour franchir le pas de l'assertivité est évidemment d'avoir réellement envie de sortir de sa réserve, de son mutisme, de sa transparence. Vous la remplissez, puisque vous êtes en train de lire ces lignes. Néanmoins, il s'en ajoute une autre : on n'est prêt(e) à s'affirmer que le jour où l'on est prêt(e) à affronter un éventuel conflit, le rejet ou l'incompréhension de l'autre.

N'oubliez cependant pas qu'il existe des techniques pour prévenir ces oppositions (notamment l'offre de compromis, exprimée par le « non, mais ») et qu'elles ne surgissent pas dès que l'on ose s'affirmer, loin de là.

M'AFFIRMER, N'EST-CE PAS PRENDRE LA PLACE DES AUTRES ?

Non. Vous affirmer, c'est d'abord prendre votre place, celle que vous vous êtes toujours refusée et que, par habitude ou par facilité, on vous a refusée. Ce n'est pas vous imposer ou prendre la place de l'autre, mais au contraire entretenir avec lui une relation d'égal à égal ou, à tout le moins, de respect mutuel dans le cas de rapports hiérarchiques.

POURQUOI DEVRAIS-JE PERSÉVÉRER ALORS QUE J'ÉCHOUE ?

L'échec, comme la confrontation, est partie intégrante du processus d'affirmation de soi. Il fait aussi partie de la vie. Il faut le relativiser, analyser ses causes et persévérer. Mais surtout, ne pas le projeter : votre assurance et votre assertivité nouvelles auront souvent plus de poids que vous ne l'imaginez.

QUELLES SONT LES PENSÉES QUI ENTRETIENNENT LE MANQUE D'AFFIRMATION DE SOI ?

Ce sont des pensées irrationnelles et automatiques qui alimentent votre difficulté à vous affirmer. Elles sont tellement ancrées dans votre inconscient que vous devez en quelque sorte faire un « arrêt sur image », vous prendre en flagrant délit de pensée automatique : vous réaliserez par exemple qu'une petite voix intérieure vous souffle que « pour être aimé(e) dans la vie, il ne faut pas contredire les autres ». Pour traquer ces pensées qui vous empoisonnent, la solution est au bout du crayon (ou du clavier) : à chaque pensée notée, répondez par « Et alors ? » et faites peser dans la balance vos propres besoins et convictions.

COMMENT ÊTRE ASSERTIF SANS PARAÎTRE AGRESSIF ?

Vous pouvez bien sûr vous affirmer sans paraître agressif – et sans l'être. Car vous affirmer, c'est communiquer vos propres besoins et convictions, tout en respectant ceux de l'autre, là où l'agressivité sert au contraire d'exutoire à l'impossibilité d'exprimer ce que vous ressentez, fait fi des besoins et convictions de l'autre et distille en vous un mal-être.

Votre avis nous intéresse !
Laissez un commentaire sur le site de votre librairie en ligne
et partagez vos coups de cœur sur les réseaux sociaux !

POUR ALLER PLUS LOIN

SOURCES BIBLIOGRAPHIQUES

- ANDRÉ (Christophe), *Imparfaits, libres et heureux. Pratiques de l'estime de soi*, Paris, Odile Jacob, 2006.

- BARBÉ (Ségolène), « S'affirmer c'est le nouveau courage », in *psychologies.com*, juillet 2009, consulté le 2 novembre 2017. http://www.psycho-logies.com/Moi/Moi-et-les-autres/Relationnel/Articles-et-Dossiers/Savoir-dire-oui-apprendre-a-dire-non/S-affirmer-c-est-le-nouveau-courage/2L-assertivite-une-question-de-respect

- « Comment retrouver l'estime de soi ? », in *youtube.com*, consulté le 31 août 2017. https://www.youtube.com/watch?v=QUnFjSJAB_g

- HADDOU (Marie), *Avoir confiance en soi*, Paris, Flammarion, 2000.

- HADDOU (Marie), *Savoir dire non. Apprendre à refuser pour enfin s'affirmer*, Paris, Flammarion, 1997.

- PELLÉ-DOUËL (Christilla), « Conseils pour se faire respecter », in *psychologies.com*, septembre 2010, consulté le 2 novembre 2017. http://www.psycho-logies.com/Moi/Moi-et-les-autres/Relationnel/

Articles-et-Dossiers/Savoir-s-affirmer/
Conseils-pour-se-faire-respecter

- RATHUS (Spencer), « A 30-Item Schedule for Assessing Assertive Behavior », in *Behavior Therapy*, vol. IV, n° 3, mai 1973, p. 398-406.

- ROSENBERG (Marshall B.), *La Communication NonViolente au quotidien*, Chêne-Bourg (Suisse), Jouvence, 2003.

- MINNE-VENDERMEERSCH (Sophie), « La confiance en soi et le manque de confiance en soi », in MINNE-VENDERMEERSCH (Sophie), BRIEUC (Denis), TAILLIEU-DECABOOTER (Véronique) et VAN DEN BERGH (Jos), *PRH Formation Développement*, septembre 2006, Bruxelles.

- MINNE-VENDERMEERSCH (Sophie), « Grandir en confiance en soi », in MINNE-VENDERMEERSCH (Sophie), BRIEUC (Denis), TAILLIEU-DECABOOTER (Véronique) et VAN DEN BERGH (Jos), *PRH Formation Développement*, septembre 2006, Bruxelles.

SOURCES COMPLÉMENTAIRES

- ANDRÉ (Christophe), *Les thérapies cognitives*, Paris, Morisset, 1995.

- BELLENGER (Lionel), *La confiance en soi*, Issy-les-Moulineaux, ESF, 1998.

- BOISVERT (Jean-Marie) et BEAUDRY (Madeleine),

S'affirmer et communiquer, Montréal, Éditions de l'Homme, 1979.

- CHIFFRE (Jean-Dominique) et RUBAUD (Christine), *L'affirmation de soi*, Paris, Morisset, 1995.

- CLERGET (Stéphane) et COSTA-PRADES (Bernadette), *Osez vous faire respecter !*, Paris, Albin Michel, 2010.

- DELAROCHE (Patrick), *Parents, osez dire non*, Paris, Albin Michel, 1996.

- FEVRE (Odile) et SCHULER (Eric), *L'affirmation de soi au féminin*, Issy-les-Moulineaux, ESF, 1996.

- SARY (Patrick), *La PNL*, Paris, Morisset, 1994.

- SCHULER (Eric), *L'assertivité*, Paris, Morisset, 1996.

Éditeur responsable : Lemaitre Publishing
Avenue de la Couronne 159 | BE-1050 Bruxelles
info@lemaitre-editions.com

ISBN ebook : 978-2-8062-6749-8
ISBN papier : 978-2-8062-6750-4
Dépôt légal : D/2017/12603/885
Photo de couverture : © Tierney. Fotolia.com

Conception numérique : Primento,
le partenaire numérique des éditeurs.